Vorsicht auf Kettenkarussells und wenn Wiener Walzer getanzt wird – es droht die Ansteckung mit einem *Drehwurm*. Ob dieser lästige Parasit links- oder rechtsdrehend ist, kann man unter dem Mikroskop gut erkennen.



# 1. Der Drehwurm

Musik und Text: Janosa

Den *Wasserbären* gibt es tatsächlich! Allerdings ist er so klein, dass er erst entdeckt wurde, nachdem man das Mikroskop erfunden hatte. Das kleine Geschöpf ist so eine Mischung aus Gummibär und Wasserbett und nicht zu verwechseln mit dem *Waschbären*, welcher eine Mischung aus Waschbrett und Kuschelteddy ist.

Auf dieser mikroskopischen Abbildung sind einige *Wasserbären* gemeinsam mit einem *Klaviertier* zu sehen. Das Klaviertier gibt es vermutlich auch – nur, dass es bisher noch *nicht* entdeckt worden ist.

# 2. Wasserbären-Boogie

Musik: Janosa

Begleitung

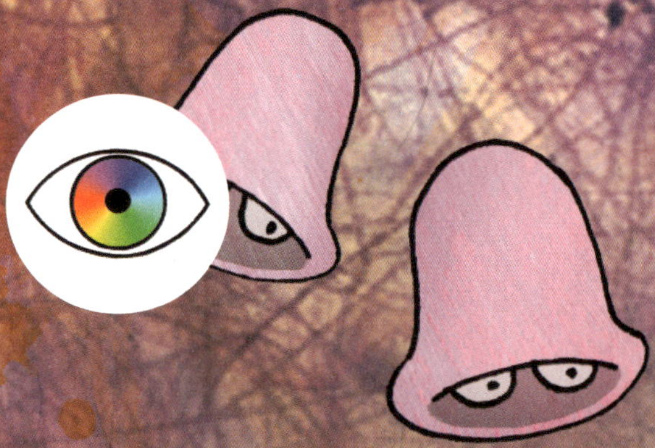

Wie groß ist eigentlich ein Sandkorn? Ziemlich groß – jedenfalls wenn man ein winziges *Glockentierchen* ist. Unterm Mikroskop kann man beides gut erkennen.

# 3. Das Glockentierchen

**Musik: Hilbert, Janosa / Text: Hilbert**

Dieses Stück kann als Halteübung eingesetzt werden: Alle zehn Finger drücken ihre Tasten nieder. Nur der Finger, der einen Ton zu spielen hat, wird angehoben.

# 4. Lied des Sandkörnchens aus der Sahara

Musik: Janosa / Text: Hilbert

# 5. Ein Holzsplitter vom alten Sofa Sultan Sülimans

Musik und Text: Janosa

Holz ist eine interessante Sache, denn es kommt von Bäumen. Bäume sind lebendige Wesen und bestehen, wie alle Lebewesen, aus winzigen Einzelteilen, den so genannten *Zellen*. Es gibt Lebewesen, die bestehen nur aus einer einzigen Zelle, zum Beispiel Amöben, Bakterien oder Pantoffeltierchen. Diese sind so klein, dass sie in der Regel nur mit dem Mikroskop zu sehen sind. Es gibt aber auch Lebewesen, die aus mehreren Zellen bestehen: Hunde etwa und Katzen, Patentanten und Bäume.  Aus Hunden und Katzen macht man Haustiere und aus Bäumen Sofas, damit die Patentanten auf etwas Platz nehmen können, wenn sie zum Geburtstags-Kaffeetrinken kommen.
So ist das mit den Zellen.

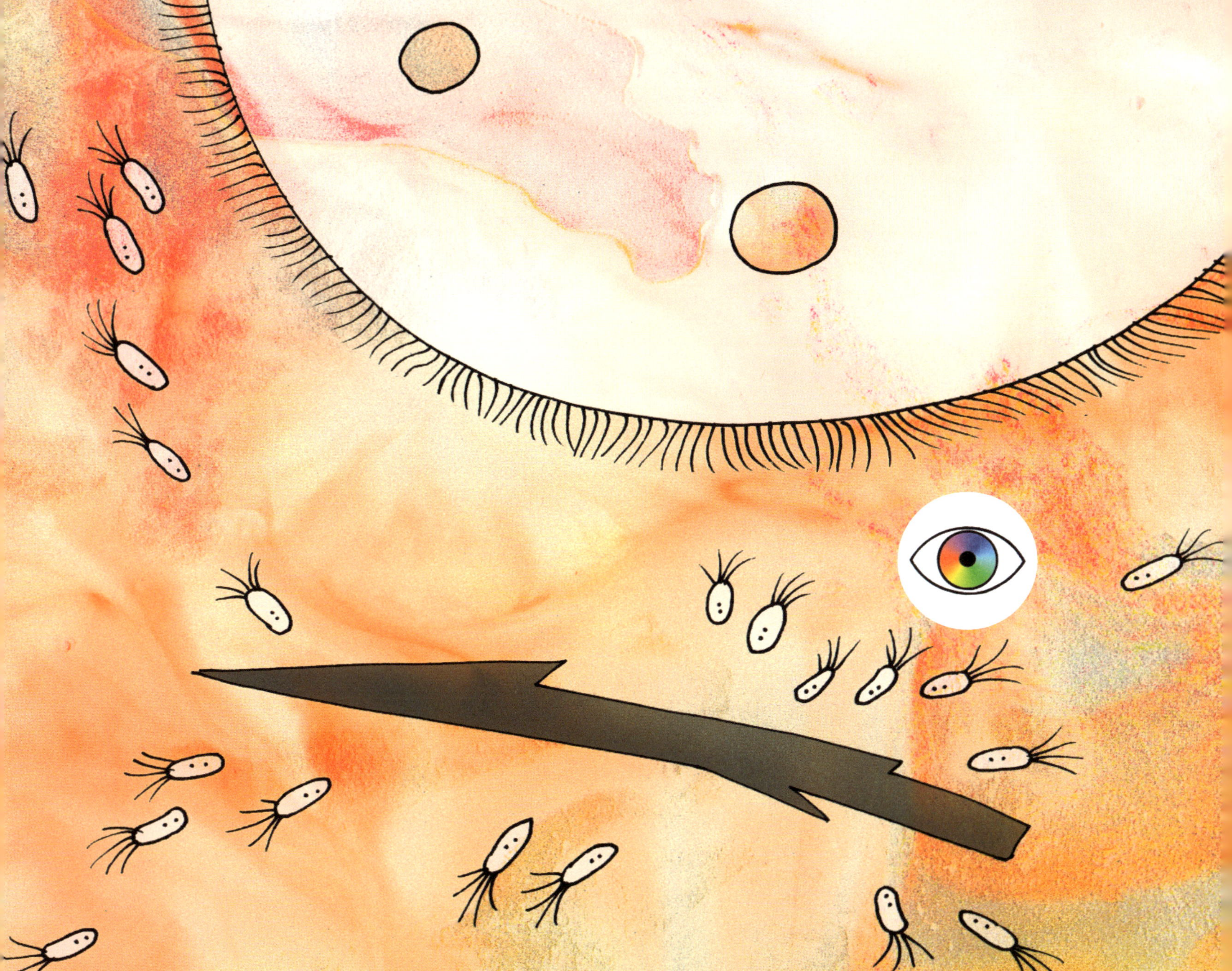

# 6. Eine Wiese aus Kristall

Musik: Janosa

Begleitung

*Wasserflöhe* sind winzige Krebstierchen. Hier sieht man zwei Exemplare, die kürzlich geheiratet haben und nun auf Hochzeitsreise sind. Ziel sind die funkelnden Salzkristalle auf der anderen Seite. Für einen Klavierforscher mit seinem Mikroskop wäre der Weg nur ein Klacks. Für zwei Wasserflöhe aber ist es eine beschwerliche Tagesreise.

# 7. Hochzeitstanz des karibischen Wasserflohs

Musik: Janosa

Begleitung

Wenn man Haare unter dem Mikroskop betrachtet, erkennt man, dass sie gar nicht so glatt und geschmeidig sind, wie man es sich gemeinhin vorstellt. Die kleinen Krabbeltiere hier wollten wir aber eigentlich nicht sehen, denn es sind Läuse. Die kommen in den besten Familien vor, sogar auf den Köpfen von Prinzessinnen. Trotzdem: Wenn man sie entdeckt, sollte man schnell etwas dagegen unternehmen.

# 8. Das goldene Prinzessinnen-Haar

Musik: Janosa

# 9. Marsch der Pantoffeltierchen

Musik: Janosa

Lange hat die Wissenschaft gerätselt, warum die *Pantoffeltierchen* selber gar keine Pantoffeln tragen.
Unter dem Mikroskop wird die Sache aber schnell klar: Sie sind viel zu klein dafür; so winzige Pantoffeln gibt es einfach nicht.

Die womöglich schlimmste aller Krankheiten ist der *Schluckauf*. Er wird hervorgerufen durch winzig kleine Erreger, die drei Beine haben, die ständig über sich selber stolpern (was das typische Hicksen hervorruft). Ein Schluckauf kann eigentlich nur geheilt werden, wenn man es schafft, dass sich seine Erreger gegenseitig anstecken und dadurch unschädlich werden.

Kaum zu glauben, aber wahr: Die meisten Lebewesen unterm Mikroskop wissen nicht, wie viel Uhr es ist! Um dem endlich mal abzuhelfen, hat ein berühmter Erfinder das *kleinste Uhrwerk der Welt* erfunden, mit dem Ergebnis, dass die Miniwesen immer noch nicht wissen, wie spät es ist. Wer weiß, warum? Hier sind drei Antworten zur Auswahl. Die richtige Lösung findet ihr unten.

**Antwort a)** Der dödelige Erfinder hat glatt vergessen, die Zeiger mitzuerfinden.

**Antwort b)** Die kleinen Geschöpfe unterm Mikroskop können die Uhr sowieso nicht lesen.

**Antwort c)** Außerdem ist ihnen die Uhrzeit ohnehin piepschnurzegal. Sie kommen prima ohne klar.

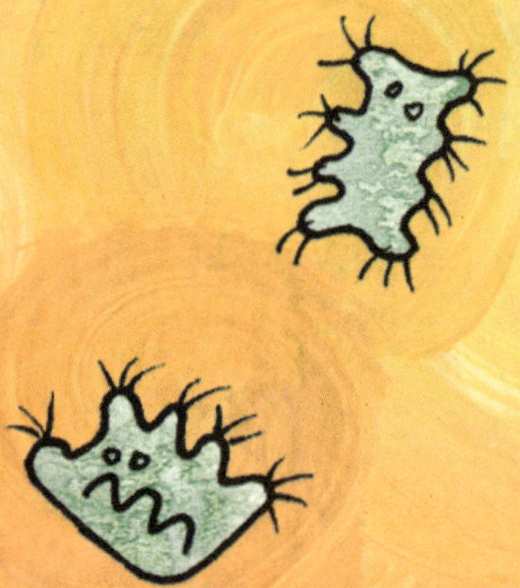

**Lösung: a, b, c**
Alle drei Antworten sind goldrichtig.

 

# 11. Das kleinste Uhrwerk der Welt

Musik: Janosa

# 12. Die gefährliche Bakterie

Musik und Text: Janosa

Beide Hände
eine Oktave
tiefer spielen

Egal, ob auf Türklinken oder in der Luft, *Bakterien* sind fast überall. Allerdings sind diese so klein, dass man sie ohne Mikroskop nicht erkennen kann. Nicht alle Bakterien sind gefährlich, aber von manchen wird man krank. Deshalb sollte man sich nach dem Klo und vor dem Essen die Hände waschen, auch wenn es nervt. Aber so viel ist sicher: Die gefährlichen Bakterien nervt es noch mehr als dich.

Wenn man einen Schnupfen hat, rührt das von einem *Virus* her. Viren sind noch viel kleiner als Bakterien und viel krimineller, denn man kann nicht viel dagegen machen. Außer man lässt sich rechtzeitig gegen sie impfen – oder noch besser: Man wird einfach nicht krank.

## 13. Aus der Kriminalstatistik eines Schnupfenvirus

Musik: Hilbert, Janosa

ff

 

# 14. Das Mittagsschläfchen der Amöbe

Musik: Hilbert, Janosa

Das Leben einer Amöbe ist ziemlich anstrengend, denn sie besitzt keine feste Form. Wenn sie sich nicht zusammennimmt, fließt sie so dahin wie heißes Kerzenwachs. Und wenn sie sich alleine fühlt, teilt sie sich einfach in zwei Hälften.

Teilt man ein Stück Gold in kleine Stücke und diese wiederum in immer kleinere Stücke, kommt man irgendwann zu den Bausteinen dieser Welt, den so genannten *Atomen*. Atome sind so winzig, dass man sie nur mit ganz besonderen Spezialmikroskopen erkennen kann. Und selbst diese Atome bestehen aus noch kleineren Teilchen, die wiederum aus etwas bestehen, was noch viel winziger ist. Und wenn man das ganz lange so weitermacht, bis ins Unendliche, vielleicht kommt man ja dann irgendwann an eine winzige Kapsel, in der ist ein klitzekleiner Zettel. Und auf dem Zettel steht:
*Ist es nicht ein wunderschöner Abend?*